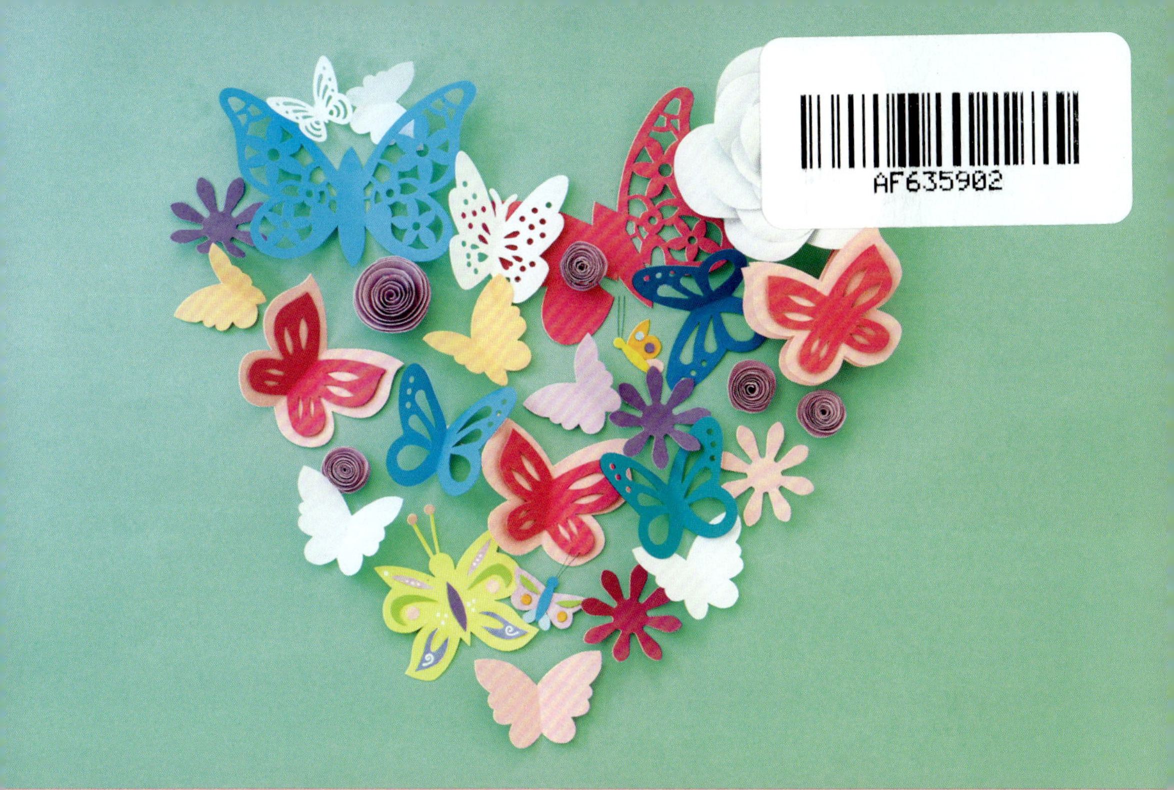

Es ist endlich wieder Frühlingszeit! Bunte Blumen und filigrane Schmetterlinge sehen nicht nur draußen schön aus, sondern auch in den eigenen vier Wänden. Ob Mobiles, Fensterbilder, Schmetterlingsbäume oder Serviettenringe: Ganz einfach aus Papier gebastelt, bringen tolle Dekorationen für Fenster und Wände oder den hübsch gedeckten Tisch Frische und Farbe ins Haus.

Ich wünsche Ihnen eine schöne Frühlingszeit und viel Freude beim Basteln!

Herzlichst Ihre

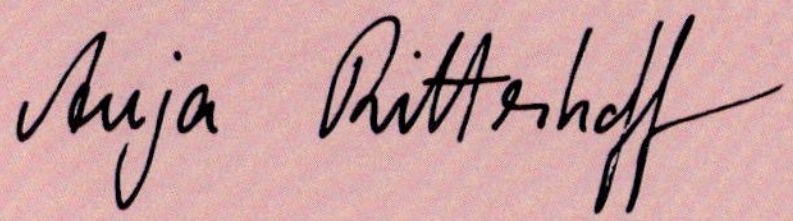

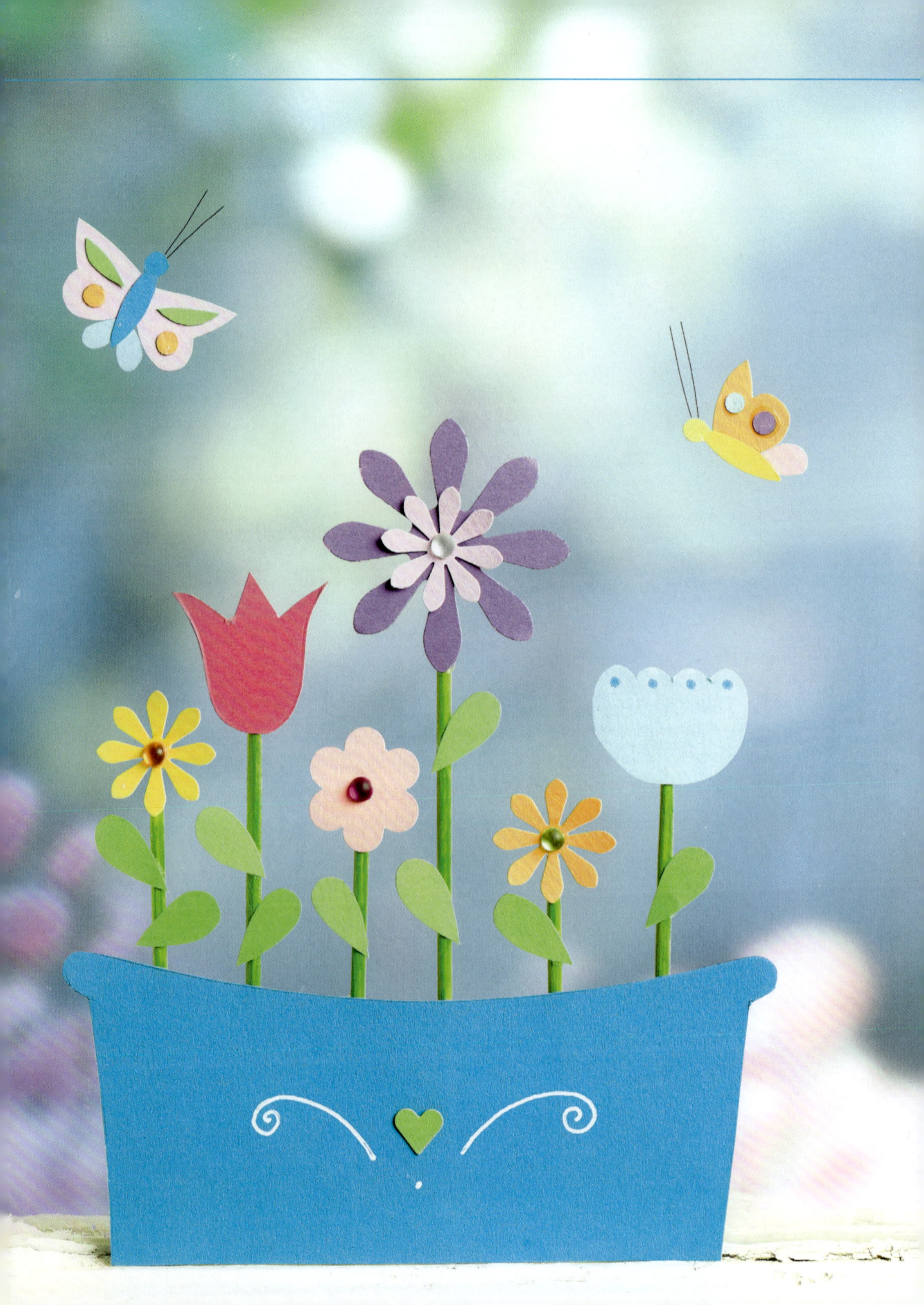

Blumenbeet

fürs Fensterbrett

MOTIVHÖHE
17 cm

MATERIAL
- Fotokarton in Gelb, Hellorange, Rosa, Pink, Flieder, Lila, Hellgrün, Hellblau und Blau
- 6 Schaschlikspieße
- Strasssteine in Pink, Lila, Gelb und Grün
- Motivlocher „Gänseblümchen", ø 2,5 cm und ø 5 cm
- Motivlocher „Blume", ø 2,5 cm
- 4 Borsten vom Handfeger
- Acrylfarbe in Hellgrün
- Pinsel
- Lackstift in Weiß
- Filzstift in Hellblau
- Heißkleber

VORLAGE
Bogen 2A

1 Die Schaschlikspieße wie auf der Vorlage kürzen und anschließend mit hellgrüner Acrylfarbe bemalen. Nun trocknen lassen.

2 Die Schmetterlinge, die pinkfarbene und die hellblaue Blume sowie die Blätter nach der Grundanleitung vom Vorlagenbogen abpausen, auf Fotokarton übertragen und ausschneiden. Für die Blätter können Sie auch eine Schablone anfertigen (siehe So wird's gemacht). Die restlichen Blumen mit den Motivlochern aus Fotokarton ausstanzen.

3 Die Schaschlikspieße gemäß der Vorlage mit Heißkleber nebeneinander hinter den Blumentopf kleben. An den oberen Spießenden die ausgestanzten sowie die geschnittenen Blumen fixieren (vgl. Foto). Anschließend die Strasssteine auf die Blumen kleben und der hellblauen Blume mit Filzstift Punkte aufmalen.

4 Die grünen Blätter an die Stiele kleben. Das Herz unten auf den Blumentopf dekorieren und mit weißem Lackstift die Kringel und den Punkt malen.

5 Die Schmetterlinge zusammensetzen, dafür die Flügel hinter den Körper kleben und diese mit Ornamenten schmücken. Handfegerborsten als Fühler von hinten an den Kopf kleben.

Mein Tipp für Sie

Viele verschiedenfarbige Blumentöpfe doppelseitig anfertigen und unten an ein Fenster dekorieren. Das sieht hübsch aus.

Ein Herz aus Blumen

in Pink und Lila

MOTIVGRÖSSE
50 cm x 50 cm

MATERIAL
- Leinwand, 50 cm x 50 cm
- Acrylfarbe in Flieder und Bayrisch Blau
- Blumenstanzer „Gänseblümchen", ø 2,5 cm und ø 4,5 cm
- 15 Plastik-Halbperlen in Weiß, ø 3 mm
- Fotokarton in Erika, Rosa und Violett
- Tonpapier in Flieder
- Pinsel

VORLAGE
Bogen 1A, 2A

1 Die Herzschablone vom Vorlagenbogen abpausen und auf die Leinwand übertragen.

2 Die innere Herzfläche mit Bayrisch Blau ausmalen und die andere Fläche mit Flieder. Gut trocknen lassen.

3 Nun mit dem großen Blumenstanzer Blumen wie folgt aus Fotokarton ausstanzen: 38x Rosa, 50x Erika und 60x Violett.

4 Von den kleinen Gänseblümchen 15 Blümchen in Hellflieder ausstanzen. Allen kleinen Blümchen eine weiße Halbperle in die Mitte kleben.

5 Nun das Herz von unten beginnen und die großen Blumen auflegen, dabei die Blütenblätter nach oben biegen. Die Blumen farblich mischen und nacheinander aufkleben.

6 Die kleinen Blümchen vereinzelt und verteilt in die großen, rosafarbenen Blumen kleben.

Mein Tipp für Sie

Man kann auch große runde Strasssteine in die Mitten der Blüten kleben. Dann glitzert das Herz noch schöner.

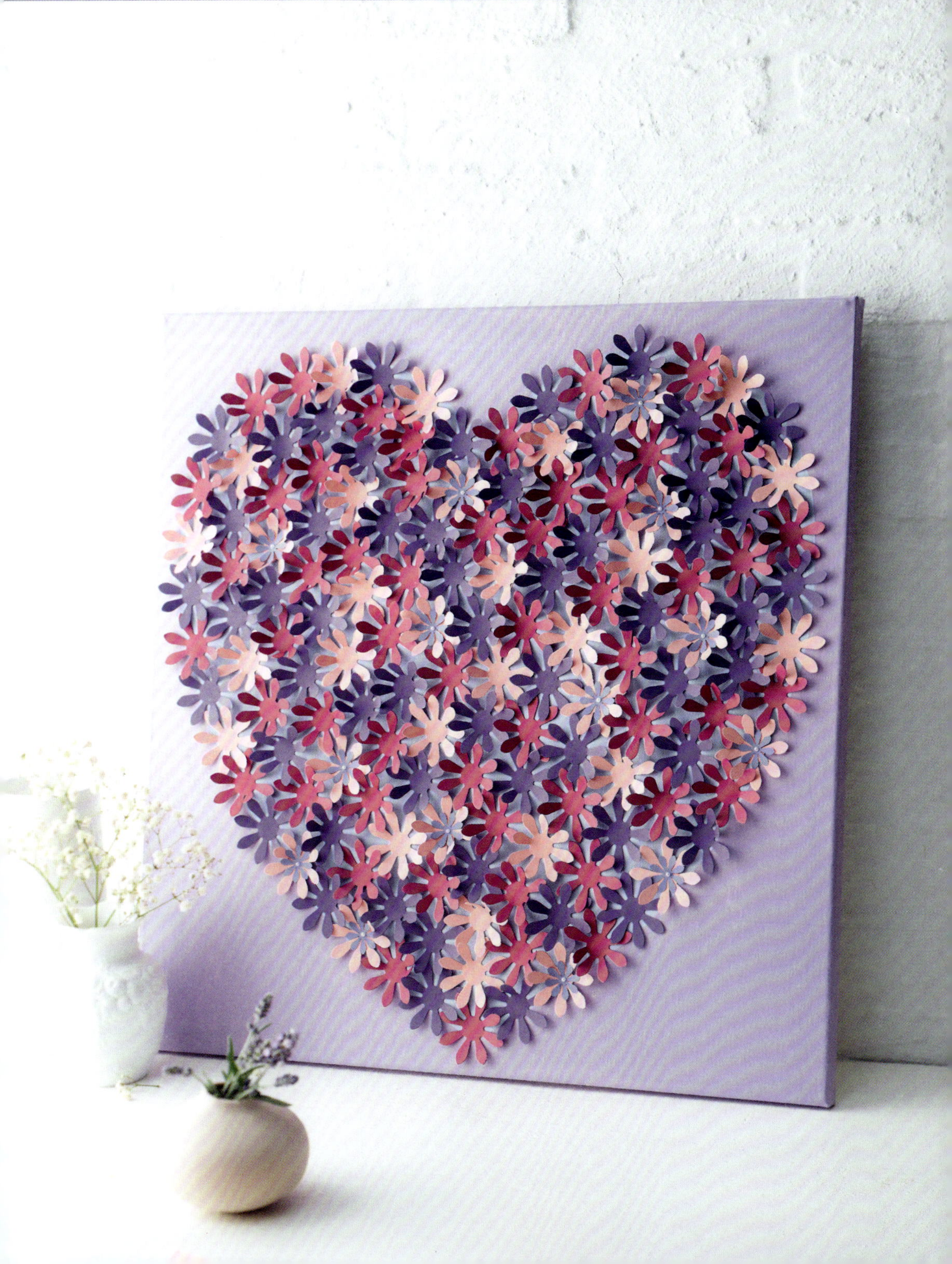

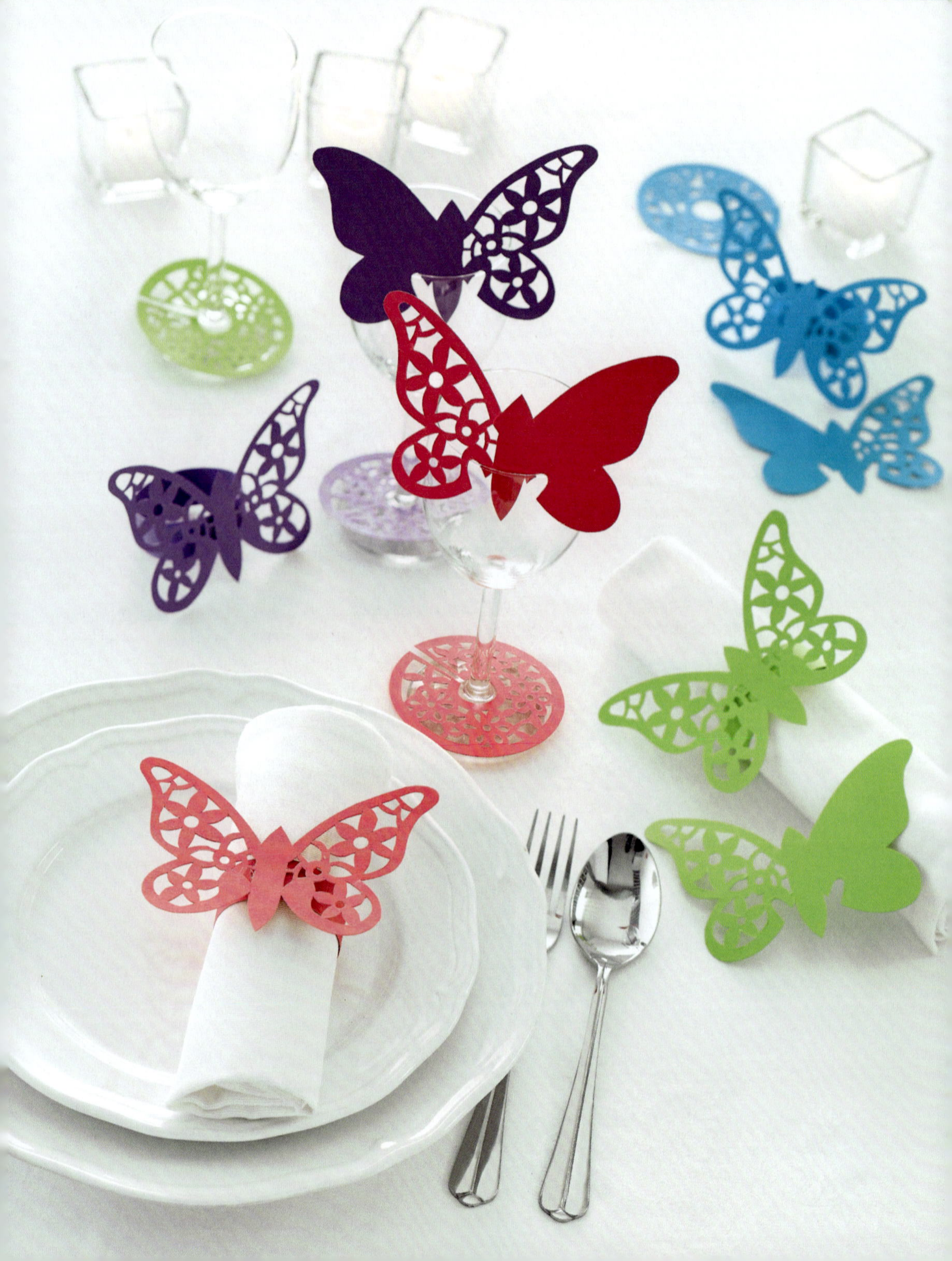

Gläser- und Serviettendeko

im bunten Kleid

MOTIVHÖHE
ca. 7 cm

MATERIAL
- 4 Weingläser mit Stiel zum Verzieren
- Servietten in Weiß
- Fotokarton in Pink, Lila, Hellgrün und Türkis, A4
- Cutter
- Schneideunterlage

VORLAGE
Bogen 2A

Glasverzierer oben am Rand

Den Schmetterling von der Vorlage abpausen, auf farbigen Fotokarton übertragen und ausschneiden. Die inneren Verzierungen mit einem Cutter ausschneiden. Den Körper in das Glas stecken und die Flügel vor den Glasrand biegen und aufstecken. So schwebt der Schmetterling oben am Rand.

Blumen am Glasboden

Die Vorlage vom Vorlagenbogen abpausen, auf farbigen Fotokarton übertragen und ausschneiden. Die Rundungen der Blütenblätter lassen sich auch gut mit einer kleinen Nagelschere ausschneiden. Den Rest mit einem Cutter heraustrennen. Die Verzierung unten auf den Boden des Glases schieben.

Serviettenring

Die Schmetterlinge auf farbigen Fotokarton übertragen und mithilfe eines Cutters ausschneiden. In jeder Farbe einen Streifen von 2 cm x 18 cm aus Fotokarton zuschneiden. Den Streifen zu einem Kreis zusammenkleben. Auf die Schnittstelle den fertigen Schmetterling aufkleben und eine zusammengerollte Serviette in den Serviettenring schieben.

Mein Tipp für Sie

Man kann auch alle Motive weiß gestalten, dann sieht es sehr edel aus.

Geflügelte Geschenkschachteln

in Rosa und Flieder

MOTIVHÖHE
16 cm

MATERIAL
- Fotokarton in Rosa und Flieder, A3
- Fotokarton in Weiß, A4
- Klettband, 5 cm lang, 1,5 cm breit
- Lackstift in Weiß
- 65 Plastik-Halbperlen in Weiß
- Lochzange, ø 3 mm
- Lineal
- Cutter

VORLAGE
Bogen 1B

1 Die Schachtelvorlage vom Vorlagenbogen abpausen und auf Fotokarton in Rosa und Flieder übertragen. Die Schachteln ausschneiden und an den gestrichelten Linien ganz leicht mit Cutter und Lineal einritzen. Nun die Schachtel an den Klebeflächen zusammenkleben.

2 Den Deckel der fliederfarbenen Schachtel mit dem geletterten Spruch „Für Dich" verzieren.

3 Das Klettband auf 2,5 cm zuschneiden und auseinanderziehen. An der Außenseite der vorderen Schachtel die eine Hälfte des 2,5 cm großen Klettbandstücks kleben und auf die Innenseite des Deckels das Gegenstück des Klettbandes kleben.

4 Die geritzten Dreiecke an den Seiten der Schachtel zusammendrücken. Den Deckel darüber klappen und mit dem Klettband verschließen.

5 Die Schmetterlinge vom Vorlagenbogen auf weißen Fotokarton übertragen und ausschneiden. Die Verzierungen auf den Flügeln mit einem Cutter heraustrennen und die Löcher mit einer Lochzange ausstanzen.

6 Jeweils drei Schmetterlinge auf die geschlossenen Schachteln kleben. Die Schachteln nun mit den Plastik-Halbperlen verzieren: 60 Halbperlen auf die rosa Schachtel kleben und 5 Halbperlen auf den Schriftzug.

Schmetterlings-Strauch

als tolle Tischdeko

MOTIVHÖHE
7 cm

MATERIAL
- Tonpapier in Weiß, Creme, Zartgelb, Pastellflieder und Pastellorange, A3
- Rauke
- Heißkleber
- Schere

VORLAGE
Bogen 2A

1 Die Schmetterlinge mit Transparentpapier vom Vorlagenbogen abpausen. Auf dünne Pappe kleben und ausschneiden. So für beide Größen eine Schablone herstellen (siehe auch So wird's gemacht).

2 Die Schablone auf das farbige Tonpapier legen und mit einem Bleistift umranden. Je nach Größe des Strauches variiert die Anzahl der benötigten Schmetterlinge. Dann alle Schmetterlinge mit einer kleinen Schere ausschneiden.

3 Die Schmetterlinge in der Mitte knicken und mit Heißkleber an die Zweige kleben.

Mein Tipp für Sie

Man kann die Schmetterlinge auch hübsch mit pastellfarbenen Filzstiften verzieren und Punkte und Kringel aufmalen. Sehr schön sehen die Schmetterlinge auch an einem Weidenkätzchenstrauch aus.

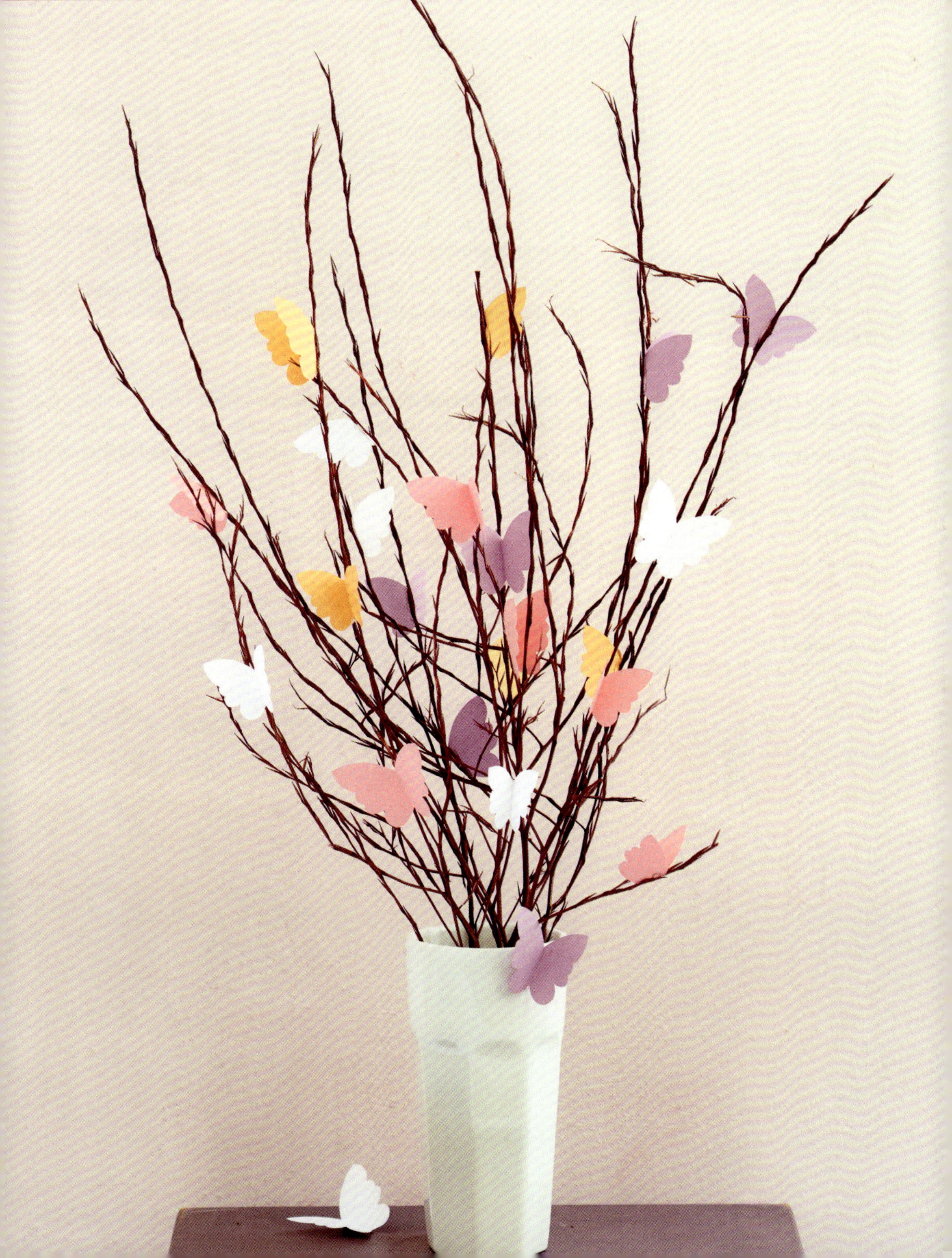

Eine runde Sache

in Schwarz-Bunt

MOTIVHÖHE
29 cm

MATERIAL
- Fotokarton in Weiß, A2
- Fotokarton Schwarz, A3
- Fotokarton in Gelb, A5
- Motivlocher „Gänseblümchen“, ø 2,5 cm
- Motivlocher „Kleine Blume“, ø 1,5 cm
- Fotokartonreste in Hellorange, Apricot, Orange, Rosa, Hellrot, Rot, Hellblau, Hellgrün, Mittelgrün, Dunkelgrün, Flieder und Lila
- Locher
- Lochzange

VORLAGE
Bogen 2B

1 Die Vorlagen vom Vorlagenbogen auf Fotokarton übertragen und ausschneiden (siehe So wird's gemacht).

2 Den weißen Schmetterling in die Mitte des schwarzen Kreises kleben. Dann den gelben Körper ergänzen. Die Fühler hinter den Kopf kleben und diesen oben auf den gelben Körper. Die Punkte ergänzen. Dann die bunten Verzierungen auf den Schmetterlingskörper kleben.

3 Die grünen Stängel anfertigen und hinter die Blüten kleben. Die blauen Blumen erhalten noch ihre Blütenstempel, dann alle fertigen Blumen wie auf der Abbildung rings um den Schmetterling arrangieren und vorsichtig mit wenig Klebstoff festkleben.

4 Mit dem Gänseblümchenlocher zwei Blüten in Hellrot ausstanzen und aufkleben. Mit dem Motivlocher „Kleine Blume“ ebenfalls zwei Blüten in Apricot ausstanzen und aufkleben.

5 Mit der Lochzange die kleineren Punkte anfertigen und in die Blüten kleben. Bunte Locherpunkte anfertigen und auf dem Wandbild dekorieren.

6 Das fertige Motiv nun mit doppelseitigem Klebeband an die Wand hängen.

Mein Tipp für Sie

Das Bild sieht nicht nur an der Wand schön aus, sondern macht sich auch an der Tür sehr gut!

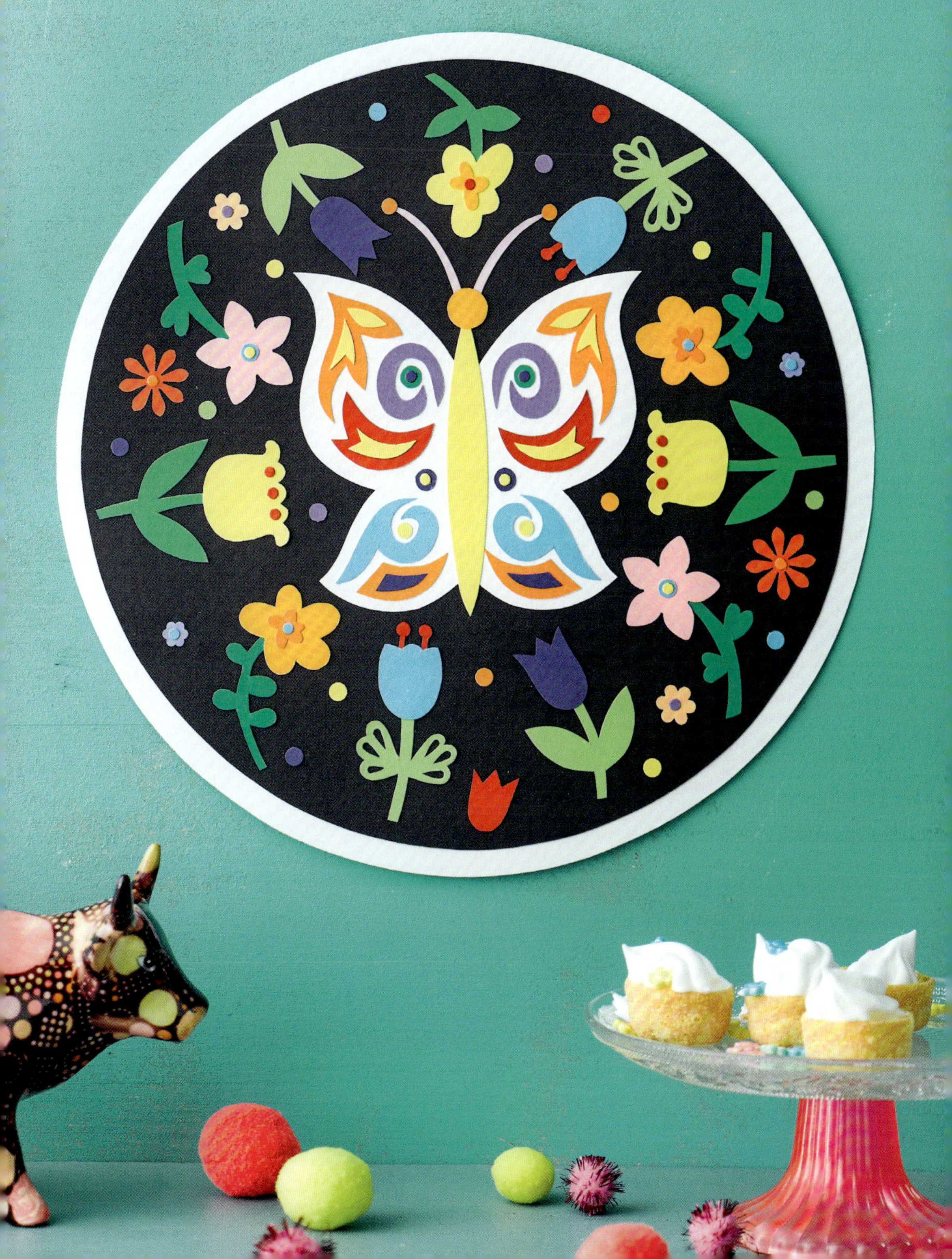

Schmetterlings-Girlande

in frischen Farben

MOTIVHÖHE
56cm

MATERIAL
- Ast, 45cm lang, ø 1,5cm
- Fotokarton in Zitronengelb, Rosa, Hellgrün, Hellblau und Azurblau, A4
- Satinband in Rosa, 1,80m lang, 1cm breit
- 17 Perlen in Rosa, ø 8mm
- Nähgarn in Weiß
- Nähmaschine
- Nähnadel

VORLAGE
Bogen 1B

1 Die Schmetterlingsvorlage vom Vorlagenbogen abpausen und eine Schablone anfertigen (siehe So wird's gemacht).

2 Die fertig aus Fotokarton ausgeschnittenen Schmetterlinge in der Körpermitte mit der Nähmaschine zusammennähen. Die Fadenenden abschneiden.

3 Die Schmetterlinge in der Reihenfolge unter den Ast legen, wie sie auch aufgefädelt werden sollen, und sie dann von unten nach oben arbeiten.

4 Die beiden äußeren Stränge und der mittlere Strang: Am Kopf des Schmetterlings einen ca. 20cm langen Faden mit der Nähnadel einstechen, durchziehen und verknoten. Nach 5cm die rosa Perle auffädeln, den Faden um die Perle herum und nochmals durch das Perlenloch führen. So hält die Perle mittig auf dem Faden. Dann den Faden mit dem Unterteil des nächsten Schmetterlings verknoten. Auf diese Weise alle weiteren Tiere auffädeln und oben am Ast festknoten, dann das überstehende Fadenende abschneiden. Am mittleren Strang mit 8cm Faden etwas mehr Abstand zwischen den Motiven lassen.

5 Die beiden weiteren Stränge beginnen unten mit einer Perle. Dafür den Faden durch die Perle führen, um die Perle herum und wieder in das Loch fädeln und verknoten. Dann das Fadenende nach ca. 5cm unten am Schmetterling verknoten. Die beiden Stränge nun wie oben beschrieben weiter arbeiten.

6 Zur Aufhängung ein 1,20m langes Satinband an beiden Seiten des Asts anknoten und auf die Knoten jeweils eine Schleife aus 30cm Satinband kleben.

Mein Tipp für Sie

Sollten Sie keine Nähmaschine besitzen, können Sie die Schmetterlinge auch mit Klebstoff zusammenkleben.

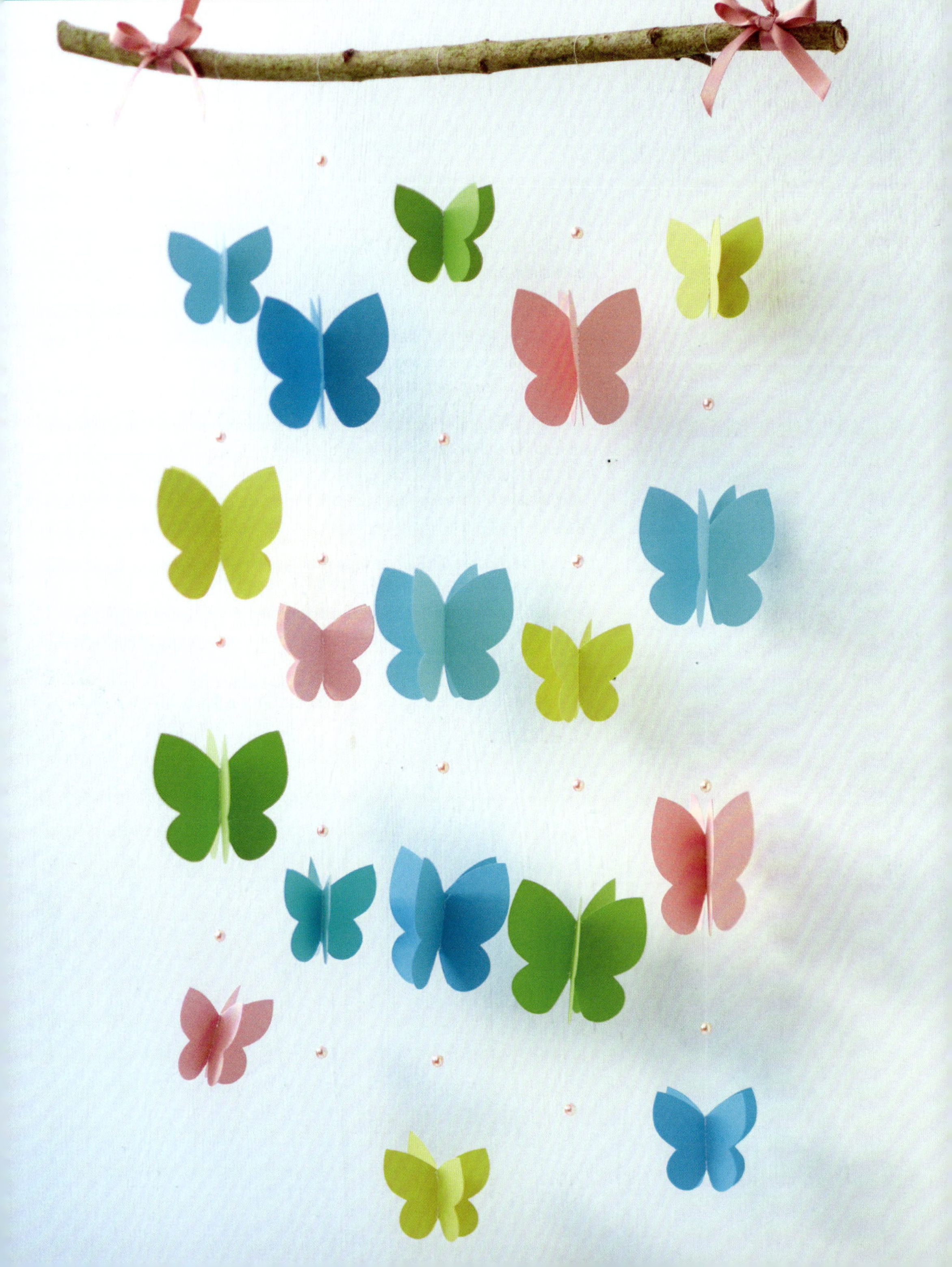

Blumen-Schmuck

zum Verschenken

MOTIVHÖHE
8 cm

MATERIAL
- Tonpapier in Flieder, A3
- Fotokarton in Hellblau, A3
- Fotokarton in Hellgrün, A4
- Filzstift in Hellgrün und Hellblau
- Lackstift in Weiß
- Lineal
- Cutter
- Schneideunterlage

VORLAGEN
Bogen 1A, 1B

1 Die Schachtelvorlagen vom Vorlagenbogen auf hellgrünen und hellblauen Fotokarton übertragen und ausschneiden. Die gestrichelten Linien mit einem Cutter leicht einritzen.

2 Für die hellblaue Schachtel alle vier Seiten aneinander kleben. Mit hellblauem Filzstift Ranken und Blätter auf den Deckel malen und diese danach mit weißem Lackstift verzieren. Sobald die Verzierungen trocken sind, können Sie die Deckelseiten aneinanderkleben.

3 Für die hellgrüne Schachtel die Vorlage vom Vorlagenbogen abpausen und auf hellgrünen Fotokarton übertragen. Die gestrichelten Linien nur einritzen, nicht ausschneiden. Die flache grüne Schachtel mit Ranken und Blättern in Hellgrün bemalen und mit weißem Lackstift nachzeichnen. Die Schachtel nach dem Bemalen zusammenkleben und die eingeritzten Seiten eindrücken.

4 Für die Blumen die Blumenvorlage auf fliederfarbenen Fotokarton übertragen und so wellenförmig an der Linie ausschneiden, dass eine Spirale entsteht. Dann das äußere Ende der Spirale aufdrehen und dabei ab und zu mit etwas Klebstoff fixieren. Bis zum Ende der Spirale drehen und das Ende mit Klebstoff festkleben.

5 Kleben Sie zum Schluss auf beide Schachteln die fliederfarbenen Blumen auf.

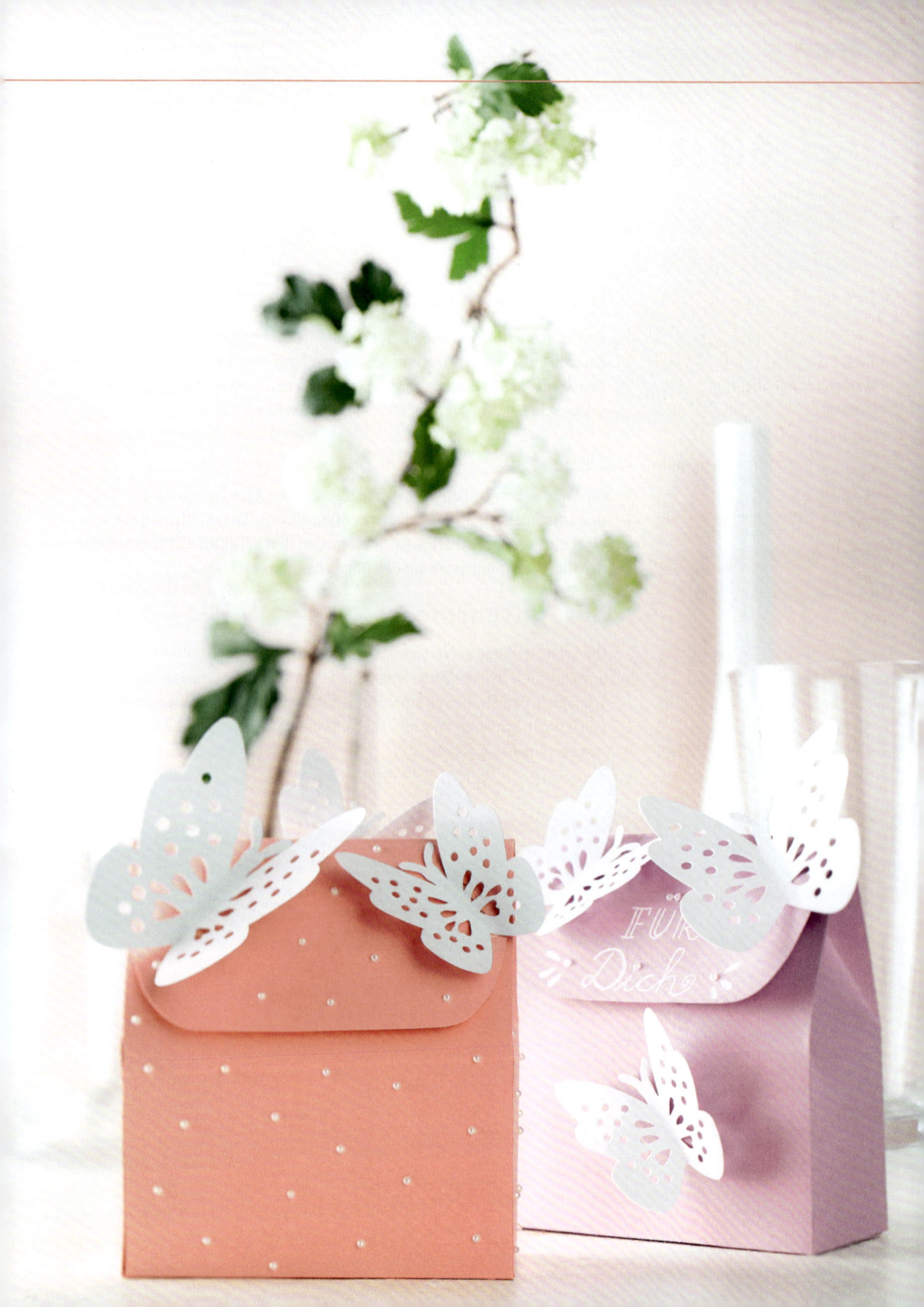
FÜR
Dich

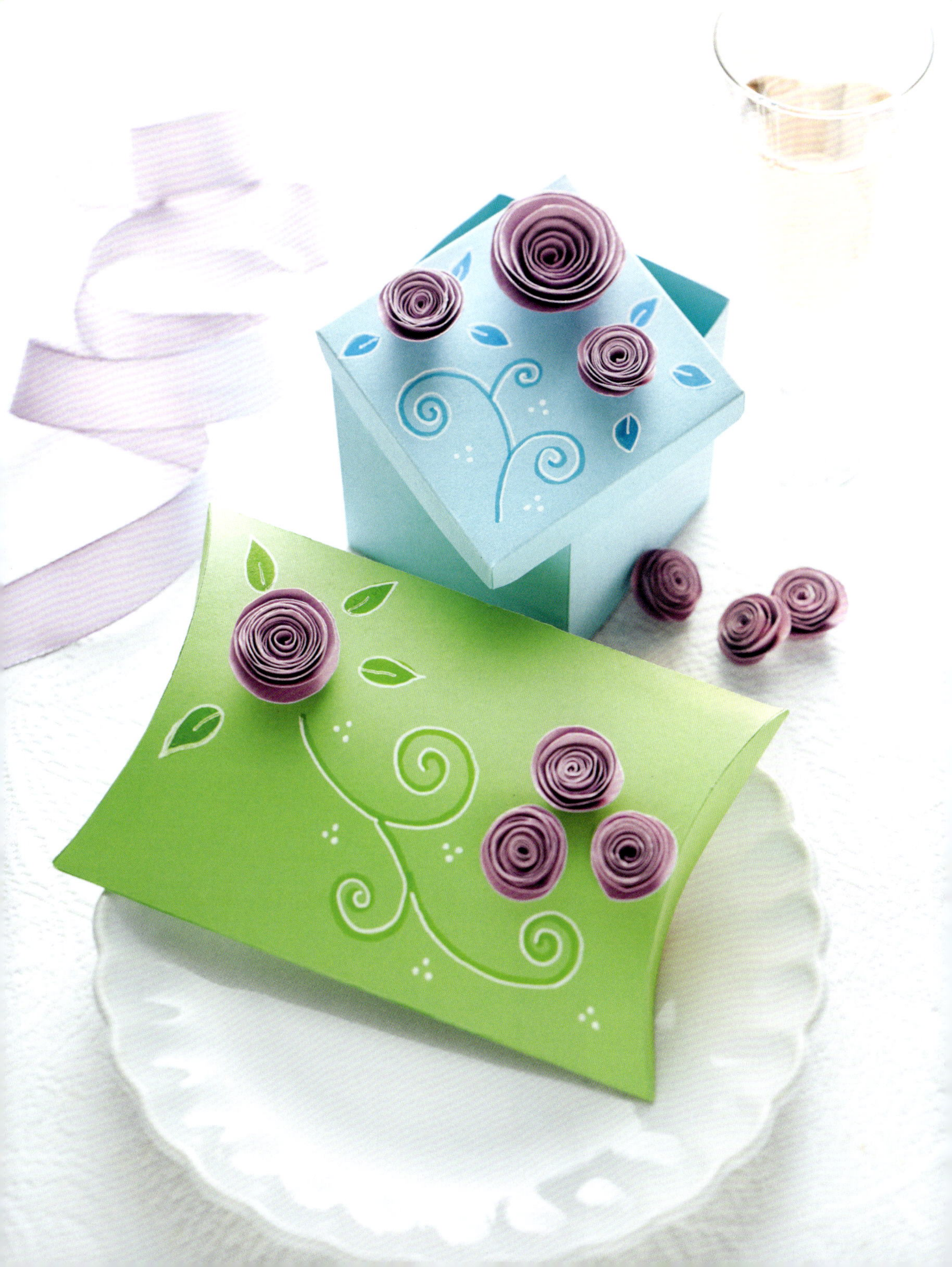

Tischlaternen

in 3D

MOTIVHÖHE
15 cm

MATERIAL
- Fotokarton in Weiß, A3
- Hologrammpapier in Bunt, A3
- Borte in Rosa, 1 cm breit, 30 cm lang
- Borte in Bordeaux, 1 cm breit, 34 cm lang
- 99 Strasssteine in Silber, ø 3 mm
- Cutter
- Schneideunterlage
- Heißkleber

VORLAGE
Bogen 1A, 2B

1 Das gewünschte Motiv vom Vorlagenbogen abpausen und auf weißen Fotokarton übertragen (siehe So wird's gemacht).

2 Für die Schmetterlingslaterne mit dem Cutter die Fühler ausschneiden. Das Muster in den Schmetterlingsflügeln heraustrennen. Dann vorsichtig am Schmetterlingsumriss entlangschneiden, sodass man die Flügel plastisch nach vorne biegen kann. Diesen Vorgang bei allen drei Schmetterlingen wiederholen.

3 Für die Blumenlaterne werden nur die Stiele und Blätter mit dem Cutter herausgetrennt. Die Blüten einschneiden und nach vorne wölben, damit sie plastisch erscheinen. Von innen nach außen arbeiten.

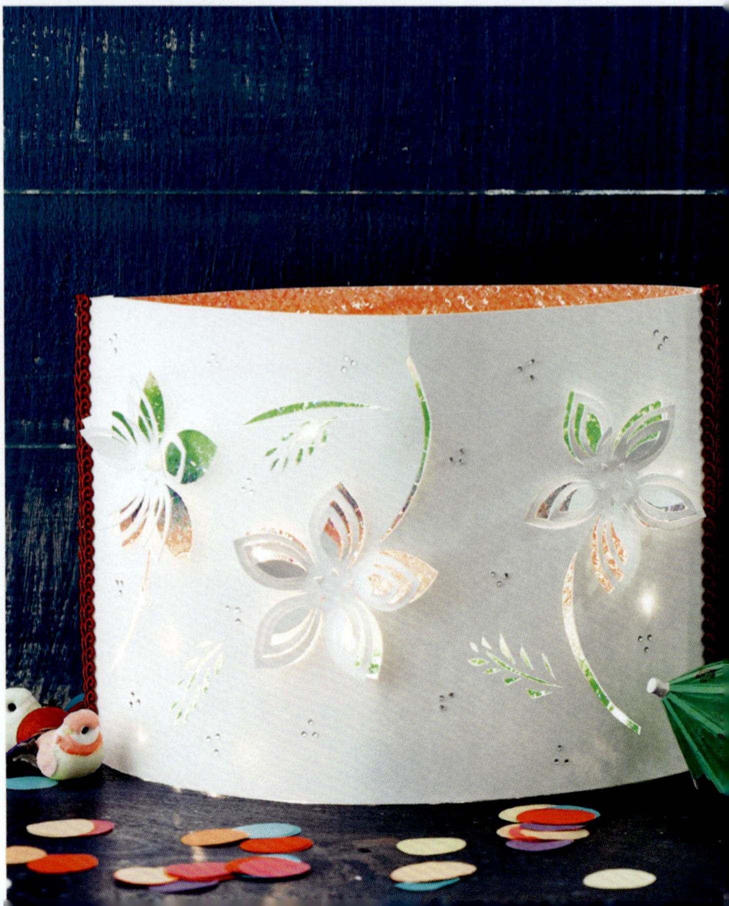

4 Für beide Laternen das Hologrammpapier nach der Vorlage zurechtschneiden, an einer Seite umknicken und gegen den Rand der Laterne kleben. Den Laternenrand, der als Klebefläche dient, umknicken und mit Klebstoff bestreichen. Dann an das Hologrammpapier kleben.

5 Die Borte auf die Höhe der Laterne zuschneiden. Für die Blumenlaterne die bordeauxfarbene Borte in der Mitte durch- und so auf 17 cm zuschneiden. Für die Schmetterlingslaterne die rosane Borte auf 15 cm zuschneiden. Heißkleber auf die Ränder geben und die Borte längs darauf kleben.

6 Zum Schluss noch nach Abbildung im Dreiecksmuster 45 Strasssteine auf die Blumenlaterne kleben und 54 Strasssteine auf die Schmetterlingslaterne.

Mein Tipp für Sie

Sie können die Schmetterlingslaterne auch zweimal basteln und anstelle des Hologrammpapiers die Schmetterlinge auf der Rückseite befestigen und Teelichter hineinstellen.

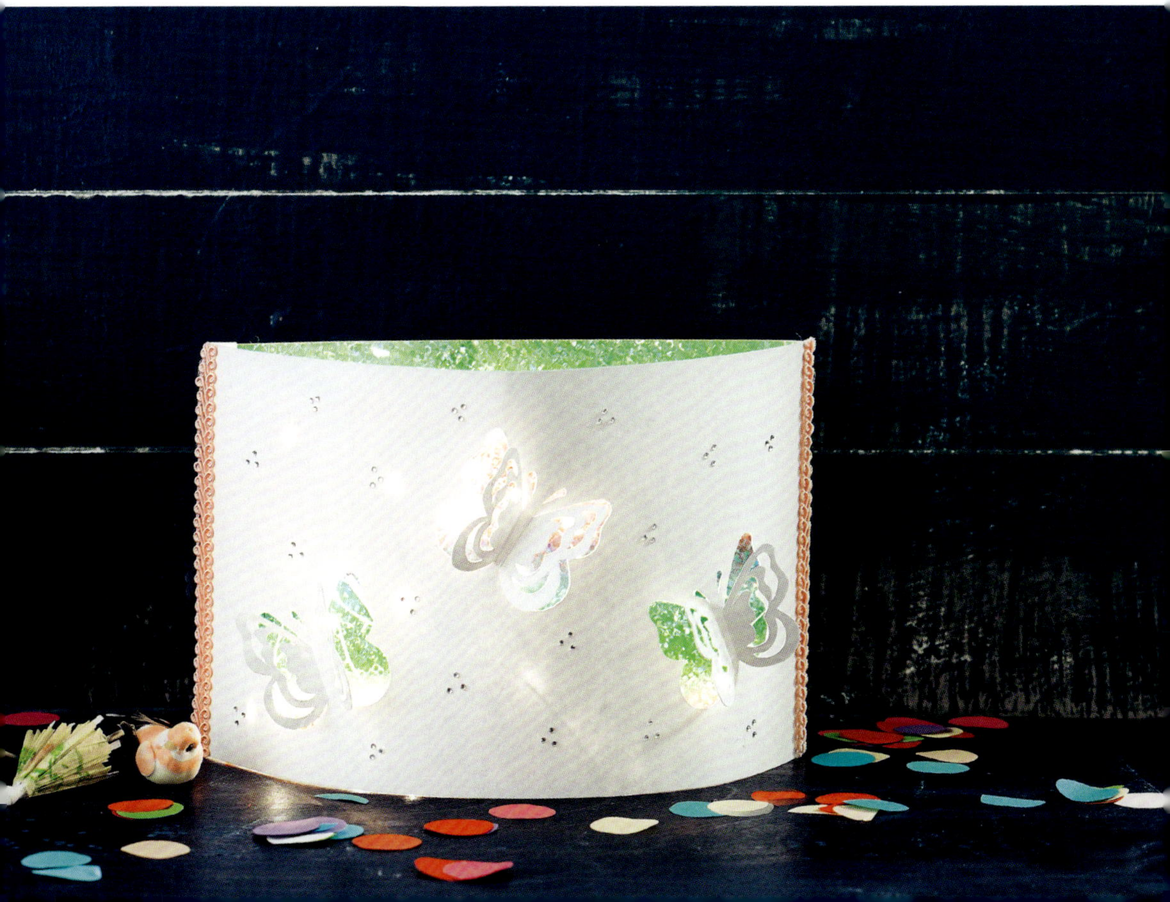

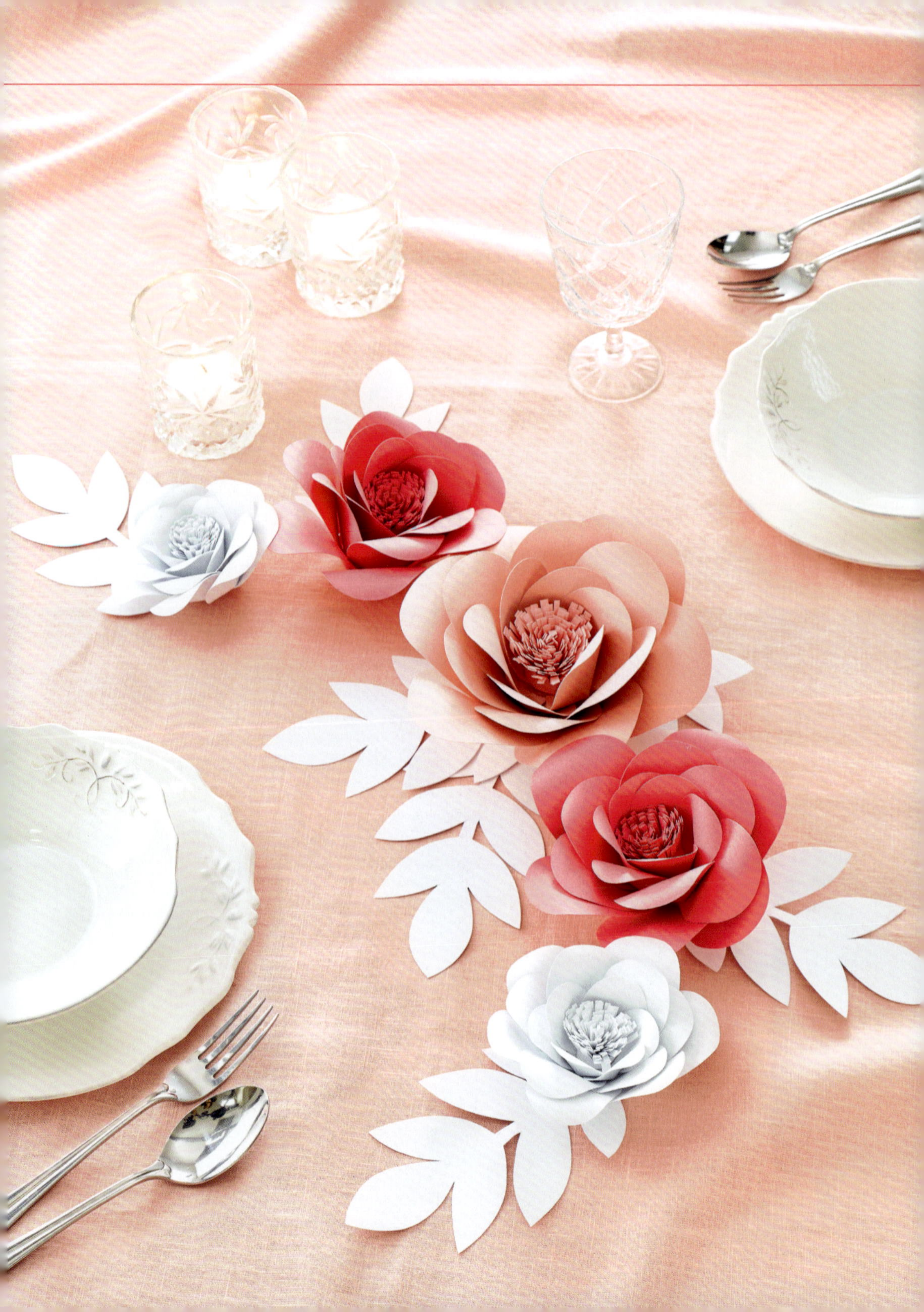

Elegante Blumenranken

für Tisch und Tafel

MOTIVGRÖSSE
7 cm hoch, 60 cm lang

MATERIAL
- Fotokarton in Rosa, Pink und Weiß, A1
- Klebstoff
- Pappe

VORLAGE
Bogen 2B

1 Die Ranke und die Blütenblätter vom Vorlagenbogen abpausen und auf Pappe kleben. Die ausgeschnittenen Motivteile sind dann Ihre Schablonen.

2 Die Blätterranke 7x aus weißem Fotokarton anfertigen. Pro Blume gibt es drei Blättergrößen. Diese drei Blättergrößen jeweils 6x ausschneiden. Alle Blütenblätter unten an der geraden Kante längs ca. 2 cm einschneiden.

3 Beginnen Sie mit der großen Blume. Hierzu die Blütenblätter an der runden Seite über eine Schere ziehen, sodass sich diese nach außen rollen. Die einzelnen Blütenblätter etwas an der eingeschnittenen Stelle übereinander kleben, sodass sich das Blütenblatt wölbt.

4 Nun die gebogenen Blätter an den Seiten und unten zu einem Blütenkranz zusammenkleben. Dabei entsteht in der Mitte ein kleines Loch. Diesen Vorgang mit allen drei Blütengrößen wiederholen. So entstehen drei Blütenkelche.

5 Den mittleren Blütenkelch in den großen kleben und den kleinen Blütenkelch in den mittleren. Nach dieser Technik die 5 Blumen anfertigen. Es sind insgesamt 90 Blütenblätter.

6 Für die Blütenmitte der rosa Blume ein 1 m langes und 4 cm breites Stück rosa Karton alle 5 mm 2 cm einschneiden. Das lange Fotokartonstück nun zu einer Spirale einrollen, dabei mit Heißkleber fixieren, sodass es nicht aufgeht. Die entstandene Blütenstempelrolle in die Blumenmitte kleben.

7 Blütenstempel: Für die pinken Blumen ein 70 cm und für die weißen Blumen ein 50 cm langes Fotokartonstück mit einer Breite von 3 cm zuschneiden. Dann alle 5 mm 1,5 cm einschneiden. Zur Spirale drehen und den Blütenstempel in die Blumenmitte einkleben.

8 Die Blumen an den äußeren Blütenblättern aneinander zur Ranke kleben. Die fertig ausgeschnittenen Blätterranken wie auf der Abbildung verteilt unter die Blumen kleben.

Frühlingskranz

mit Schmetterling

MOTIVHÖHE
20 cm

MATERIAL

- Fotokarton in Hellgrün, A4
- Fotokartonreste in Weiß, Gelb, Flieder und Lila
- Transparentpapier
- Nähgarn in Weiß, 7 cm lang
- Motivstanzer „Gänseblümchen", ø 2,5 cm, ø 5 cm
- Motivstanzer „Blume", ø 1 cm, ø 1,5 cm, ø 2,5 cm
- Locher
- Lackstift in Weiß
- Filzstift in Hellgrün
- Cutter
- Schneideunterlage

VORLAGE
Bogen 1B

1 Den grünen Blätterkranz, die obere Blume und den Schmetterling mit den Ornamenten vom Vorlagenbogen abpausen. Auf Fotokarton übertragen und ausschneiden.

2 Die anderen Blumen nach Abbildung mit den Motivlochern ausstanzen. Dann die weißen Punkte mit einem Locher ausstanzen und auf die Blumen kleben.

3 Alle Blumen auf den hellgrünen Kranz dekorieren. Die rosa Blume mit weißem Lackstift bemalen.

4 Den gelben Schmetterling mit den bunten Ornamenten bekleben und mit weißem Lackstift Punkte aufmalen.

5 Den 7 cm langen Garnfaden hinter der oberen rosa Blume und hinter dem gelben Schmetterling so aufkleben, dass der Schmetterling in der Kranzmitte schwebt.

6 Für die Kringel in Hellgrün drei 8 cm lange und 4 mm breite Streifen anfertigen und über eine Schere ziehen, sodass sie rund werden. Diese Kringel an drei Stellen hinter die Blumen kleben, sodass sie nach vorne schauen.

7 Mit einem hellgrünen Filzstift jeweils drei Punkte verteilt auf den Blumenkranz malen.

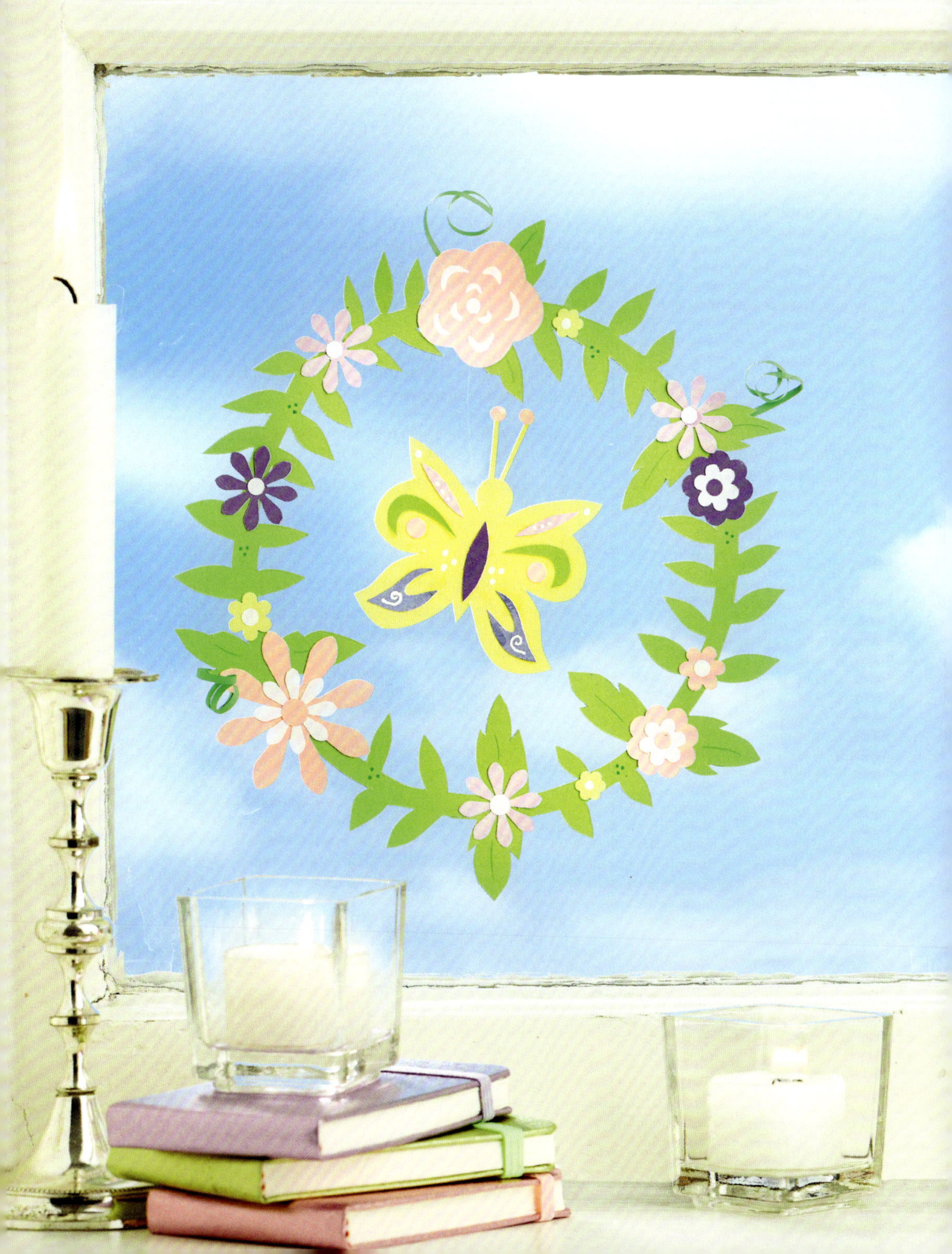

Schmetterlingsbaum

in Türkis und Silber

MOTIVHÖHE
50 cm

MATERIAL
- Leinwand, 40 cm x 50 cm
- Fotokarton in Weiß, Petrol, Hellblau und Blau, A4
- Transparentpapier, 50 cm x 70 cm
- 23 selbstklebende Strasssteine in Hellblau, ø 3 mm
- Motivlocher „Schmetterling“, ø 3,8 cm
- Filzstift in Silber, ø 2–4 mm
- Lochzange
- Heißkleber

VORLAGE
Bogen 2B

1 Den Baum mit Bleistift auf die Leinwand übertragen. Dafür das Transparentpapier auf die Vorlage legen und den Baum mit Bleistift abpausen.

2 Das Transparentpapier umdrehen und längs auf die Leinwand legen. Die Linien nun mit einem harten Bleistift nachzeichnen. So übertragen sich die Linien auf die Leinwand.

3 Alle Linien des Baumes mit einem silbernen Filzstift nachziehen und dabei den Baumstamm anmalen.

4 Die Schmetterlingsvorlage vom Vorlagenbogen abpausen und eine Schablone anfertigen (So wird's gemacht). 6 Schmetterlinge in Petrol, 7 in Hellblau und 5 in Blau zuschneiden. Die Löcher mit einer Lochzange heraustrennen.

5 Die weißen kleinen Schmetterlinge werden 15 x mit einem Motivlocher ausgestanzt.

6 Die Schmetterlinge in der Mitte knicken und verteilt auf den Baum kleben. Zum Schluss die Strasssteine dazwischen fixieren

Mein Tipp für Sie

Man kann auch nur ausgestanzte Schmetterlinge in verschiedenen Farben aufkleben.

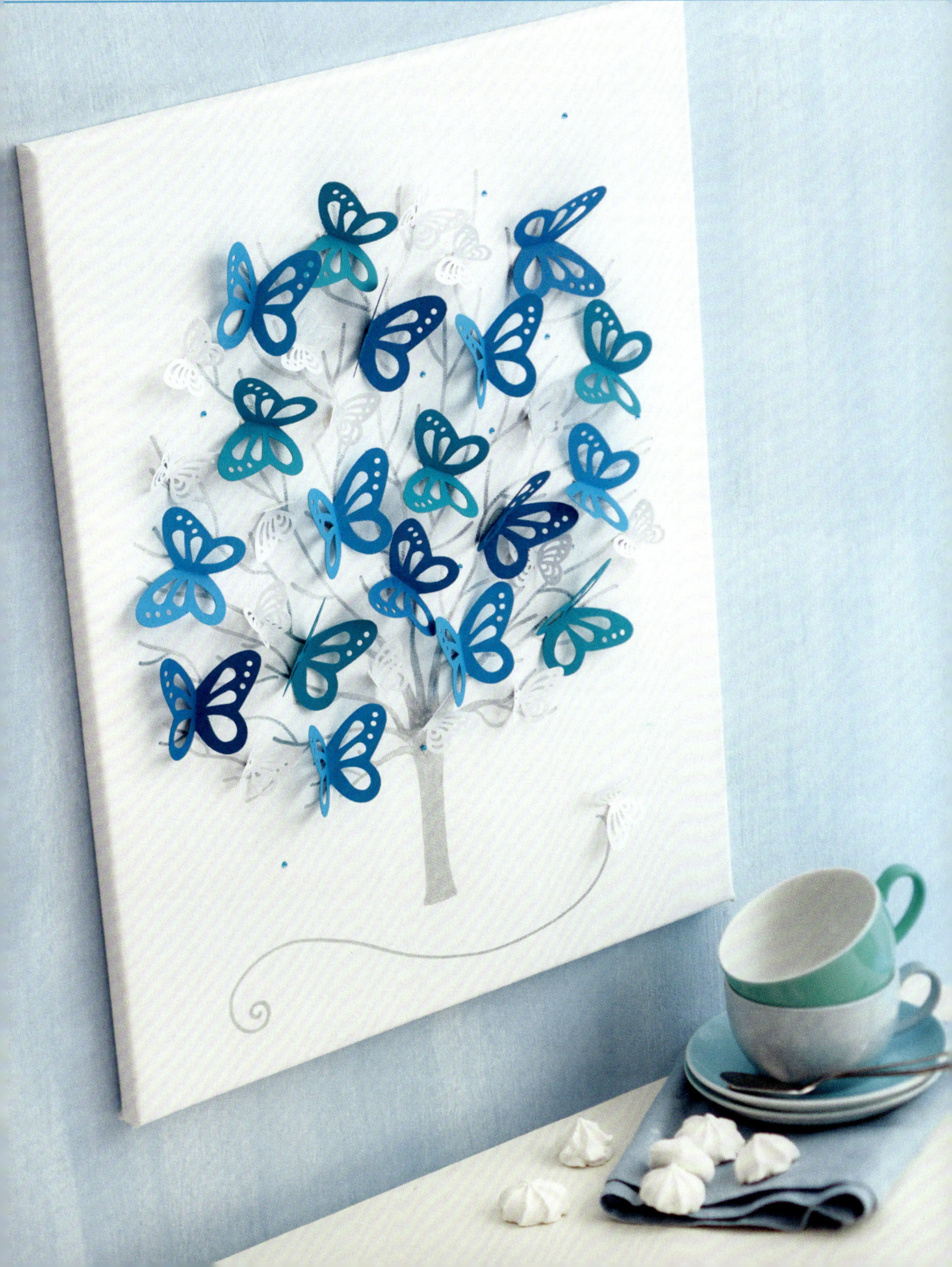

Geschenk-Deko

im Faltenkleid

MOTIVHÖHE
6 cm

MATERIAL
- Tonpapier in Gelb, Rosa und Apricot, A4
- 7 Glaswachsperlen in Rosa, ø 6 mm
- Draht, ø 0,5 cm, 25 cm lang

1 Einen A4-Bogen Tonpapier in der Mitte falten, sodass ein A5-Bogen entsteht. Einen dieser A5-Bögen nochmals in der Mitte falten, sodass ein A6-Bogen entsteht. Für einen Schmetterling benötigt man einen A5-Bogen und einen A6-Bogen.

2 Den A5-Bogen und den A6-Bogen längs in der Mitte zusammenfalten, dann alle vier Ecken zur Mitte falten.

3 Beide Bögen im Abstand von 1 cm im Zickzack zu Fächern falten. Den kleineren A6-Flügel nun unter den A5-Flügel legen und beide in der Mitte zusammendrücken, sodass die Flügelform entsteht.

4 Jetzt auf das Drahtstück in der Mitte eine Perle auffädeln und den Draht zur Hälfte knicken. Für den Schmetterlingskörper vier Wachsperlen auf beide Drahtenden ziehen.

5 Den Draht auseinanderbiegen und die beiden Flügelteile einlegen. Den kleinen Flügel unten und den großen Flügel oben platzieren. Den Draht über dem größeren Flügel ca. drei- bis viermal zusammendrehen. Jetzt noch eine Perle als Kopf über beide Drahtenden schieben. Die Fühler auseinanderbiegen, so hält der Kopf.

6 An den Fühlerenden jeweils eine Perle auffädeln und den Draht zur Befestigung umbiegen.

Mein Tipp für Sie

Sie können natürlich auch weiße Perlen für einen edleren Look nehmen oder bunte für einen verspielten Effekt!

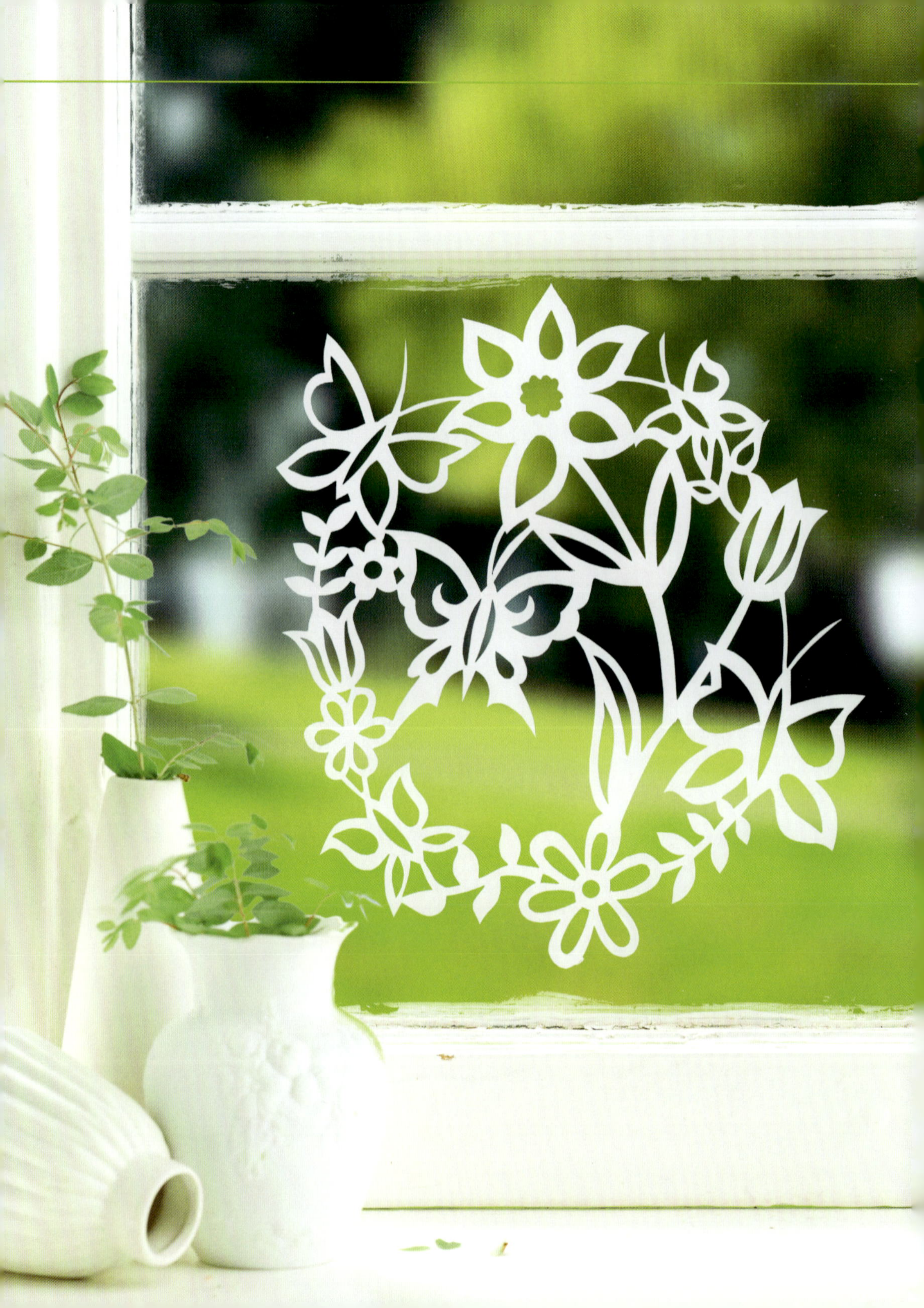

Frühlingstraum in Weiß

fürs Fenster

MOTIVHÖHE
24 cm

MATERIAL
- Fotokarton in Weiß, A4
- Transparentpapier
- Bleistift
- Nadel
- Nähgarn in Weiß
- Cutter
- Schneideunterlage

VORLAGE
Bogen 1A

1 Die Vorlage mit Bleistift vom Vorlagenbogen abpausen (siehe So wird's gemacht).

2 Das aufgezeichnete Motiv auf eine Schneideunterlage legen und mit einem Cutter die Linien nachziehen. Am besten arbeiten Sie von innen nach außen. Der äußere Rand kann auch gut mit einer kleinen Nagelschere ausgeschnitten werden.

3 Zur Aufhängung das fertige Motiv zwischen Daumen und Zeigefinger austarieren, dort in die Mitte eine Nadel mit weißem Faden einpiksen und durchziehen. Den Faden oben zusammenknoten und das Motiv aufhängen.

Mein Tipp für Sie

Das Motiv sieht in Gelb auch sehr schön aus!

Schmetterlings-Mobile

in Pink und Rosa

MOTIVHÖHE
1 m

MATERIAL
- Styroporkranz, ø außen 20 cm, innen 12 cm
- Acrylfarbe in Pink
- Organzaband in Weiß, 2,10 cm lang
- Fotokarton in Rosa und Pink, A2
- 33 Pailletten in Rosa, ø 6 mm
- 33 kurze Stecknadeln
- Cutter
- Schneideunterlage
- Lineal
- Nähgarn in Weiß
- Pinsel

VORLAGE
Bogen 1B

1 Den Styroporkranz mit pinker Acrylfarbe anmalen und trocknen lassen.

2 Die Schmetterlingsvorlage vom Vorlagenbogen abpausen und eine Schablone aus Pappe anfertigen. Den rosafarbenen und den pinkfarbenen Schmetterling je 40 Mal anfertigen. Die inneren Flügelverzierungen mit einem Cutter heraustrennen und die Mitten leicht längs einritzen.

3 Das Organzaband in drei Stücke à 70 cm schneiden. Jeweils ein Ende um den pinken Styroporkranz wickeln, sodass das Band innen nach oben zeigt. Die Stelle, an der das Band übereinanderlappt, jeweils mit 6 Pailletten und 6 Stecknadeln befestigen. Die drei Bandenden oben verknoten.

4 Für den Styroporkranz jeweils einen pinken Schmetterling mittig auf einen rosa Schmetterling kleben und beide in der Mitte knicken, sodass die Flügel nach oben stehen. Die 16 Schmetterlinge innen und außen versetzt aufkleben, davon je einen außen auf dem Organzaband platzieren.

5 Für die 3 Stränge mit je 4 einfachen Schmetterlingen 3 Fäden à 45 cm zuschneiden. Nach 11 cm den Faden mittig auf einen rosa Schmetterling legen und den pinken Schmetterling darüber kleben, sodass das Band zwischen den Flügeln liegt, und in der Mitte leicht nach oben knicken. Dies nach je 6 cm dreimal wiederholen.

6 Jeweils 1 cm vom oberen Faden um eine kleine Stecknadel wickeln, diese durch eine rosa Paillette schieben und unter dem Organzaband am Kranz festkleben.

7 Für die 3 Stränge mit je 2 doppelten Schmetterlingen 3 Fäden à 30 cm zuschneiden und nach 11 cm bzw. 6 cm zwei Schmetterlinge an das Band kleben (siehe Schritt 4). Jeweils einen Schmetterling von der rosafarbenen Seite gegenkleben.

8 Die Fäden wie in Schritt 6 zwischen den drei langen Strängen platzieren.

9 Zur Verzierung des Kranzes in den Zwischenräumen jeweils drei Stecknadeln mit Pailletten einstechen. Nun können Sie den Kranz aufhängen.

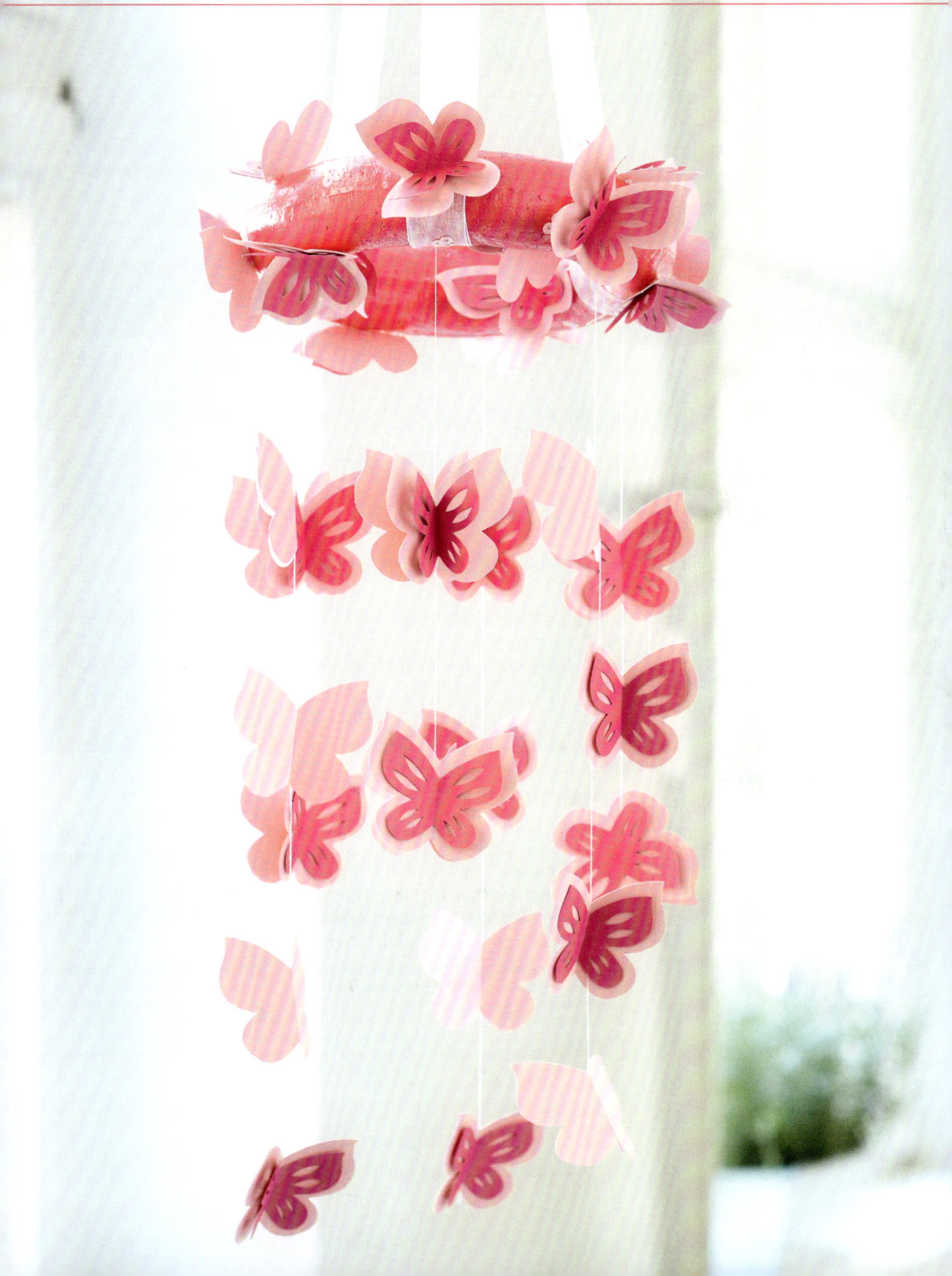

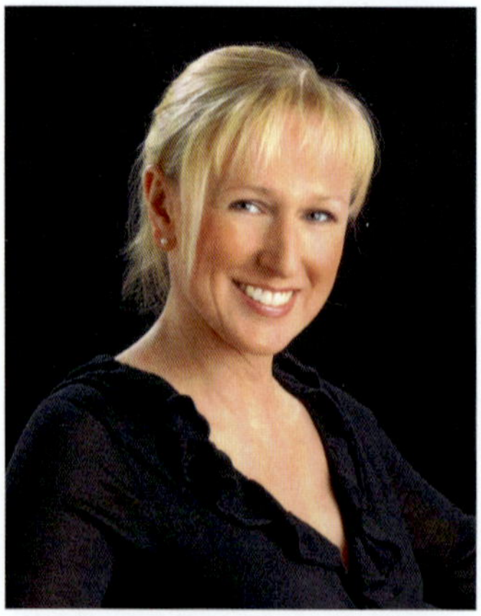

Anja Ritterhoff veröffentlicht seit 1996 Bücher zum kreativen Gestalten. Die gelernte Erzieherin lebt in Lübeck und hat zwei Kinder. Papier ist ihr Lieblingsmaterial, weil es so vielseitig ist. Sie liebt fröhliche Farben und in ihrer Freizeit malt sie plakative Bilder für Kleinkinder. In ihrer Heimatstadt Hamm hat sie viele Jahre lang in ihrem Atelier „Yellow Gallery" Kunst- und Vorschulförderkurse für Kinder geleitet. Auf ihrer Internetseite können Sie einen Blick in alle ihre Bücher werfen: www.ritterhoff.de Anregungen, Kritik oder Fragen können Sie auch direkt an die Autorin richten: anja@ritterhoff.de

DANKE!

Wir danken der Firma Rayher Hobby GmbH (Laupheim) für die freundliche Unterstützung mit Materialien.

TOPP – Unsere Servicegarantie

WIR SIND FÜR SIE DA! Bei Fragen zu unserem umfangreichen Programm oder Anregungen freuen wir uns über Ihren Anruf oder Ihre Post. Loben Sie uns, aber scheuen Sie sich auch nicht, Ihre Kritik mitzuteilen – sie hilft uns, ständig besser zu werden.

Bei Fragen zu einzelnen Materialien oder Techniken wenden Sie sich bitte an unseren Kreativservice, Frau Erika Noll.
mail@kreativ-service.info
Telefon 0 50 52 / 91 18 58

Das Produktmanagement erreichen Sie unter:
pm@frechverlag.de
oder:
frechverlag
Produktmanagement
Turbinenstraße 7
70499 Stuttgart
Telefon 07 11 / 8 30 86 68

LERNEN SIE UNS BESSER KENNEN! Fragen Sie Ihren Hobbyfach- oder Buchhändler nach unserem kostenlosen Magazin **Meine kreative Welt**. Darin entdecken Sie zweimal im Jahr die neuesten Kreativtrends und interessantesten Buchneuheiten.

Oder besuchen Sie uns im Internet! Unter **www.topp-kreativ.de** können Sie sich über unser umfangreiches Buchprogramm informieren, unsere Autoren kennenlernen sowie aktuelle Highlights und neue Kreativtechniken entdecken, kurz – die ganze Welt der Kreativität.

Kreativ immer up to date sind Sie mit unserem monatlichen **Newsletter** mit den aktuellsten News aus dem frechverlag, Gratis-Bastelanleitungen und attraktiven Gewinnspielen.

IMPRESSUM

MODELLE UND ANLEITUNGEN: Anja Ritterhoff

FOTOS: frechverlag GmbH, 70499 Stuttgart; lichtpunkt, Michael Ruder, Stuttgart; Anja Ritterhoff (alle Arbeitsschrittfotos)

PRODUKTMANAGEMENT UND LEKTORAT: Eva Schrecklinger

GESTALTUNG: Fotosatz H. Buck, Kumhausen

DRUCK: Tiskárna Grafico s.r.o., Tschechische Republlik

1. Auflage 2019

ISBN 978-3-7724-4364-0 • Best.-Nr. 4364